# EDICT DU ROY, PORTANT CREATION D'UN SIEGE PRESIDIAL en la Ville de Rhodez, & des Officiers pour le composer.

*Verifié en la Chambre des Comptes & au Grand Conseil le 20. Decembre 1635.*

A PARIS,
Par A. ESTIENE, P. METTAYER, C. PREVOST, & P. ROCOLET, Imp. ordinaires du Roy.

---

M. DC. XXXVI.

*Auec Priuilege de sa Majesté.*

(2)

LOVIS par la grace de Dieu Roy de France & de Nauarre, A tous presens & à venir, Salut. LORS de l'establissement des Sieges Presidiaux qui furent creez en chacune Seneschaussée & Bailliage de ce Royaume par Edict du mois de Feurier 1551. nostre ancien Domaine de Nauarre n'estant pas encores reüny à cette Couronne comme il a esté depuis, les Seneschaussées en dependātes furent priuées de cét establissement, à cause que les Officiers qui y administroient la Iustice, n'estans pas aussi Royaux, il fut jugé incompatible de leur donner l'authorité & jurisdiction Presidiale : Mais depuis, la reünion de nostredit Domaine ayant esté faite, & lesdits Iuges aussi faits Royaux, & reglez à l'instar de nos autres Officiers par Edict du mois de Decembre 1607. nous aurions accordé à nos subjets de nostredit ancien Domaine, les mesmes aduantages que nos predecesseurs Roys auoient donné à tous nos autres subjets; Et à cét effect, estably des Sieges Presidiaux en aucunes desdites Seneschaussées où l'erection nous en a semblé plus necessaire, à l'exemple du feu Roy nostre tres-honoré seigneur & pere, que Dieu absolue, lequel auroit fait de pareils establissemens, dont le public reçoit vn notable soulagement. Et dautant que plusieurs nos subjets du Comté de Rhodez, Haute Marche du pays de Roüergne, Haute & basse Viguerie du Vigan, se trouuent beaucoup esloignez desdits Presidiaux, & ont à suppor-ter des grands frais & incommoditez en la poursuitte de leurs affaires & procez : desireux d'y pouruoir, nous aurions par nostre Edict du mois de Mars dernier, creé vn Siege Presidial en la ville de Milhau; Mais comme il nous a esté donné aduis du peu d'auantage & vtilité que nosdits subjets reçoiuent en l'establissement dudit Siege Presidial en ladite ville de Milhau, attendu qu'elle se trouue à l'extremité de la Prouince, & grandement esloignée des autres villes, & que celle de Rhodez principale de ladite Prouince, seroit ressortissante pour vne moitié audit Presidial de Milhau, & pour l'autre à celuy de Ville Franche : de sorte qu'outre la diuision & confusion de jurisdiction, il en arriueroit plusieurs inconueniens & incommoditez à nosdits subjets : ce qui seroit du tout contraire, à l'intention que nous auons de leur faire rendre la Iustice, auec plus d'authorité, soulagement des parties, & à moins de frais que faire se peut : Et que pour cét effect, il seroit necessaire d'establir ledit Siege Presidial en nostredite ville de Rhodez, qui est scituée au milieu de ladite Prouince, Ville Capitale & Episcopale d'icelle, & vne des plus Illustres Seneschaussées de nostredit ancien Domaine: Laquelle desirans bonifier & orner de quelque tiltre plus releué, pour luy faire sentir les effects de nostre bien-veillance : A CES CAVSES, Sçauoir faisons, Qu'apres auoir mis cét affaire en deliberation en nostre Conseil, & nous y estre fait representer nostredit Edict du mois de Mars dernier. De l'aduis d'iceluy, & d'aucuns Princes de nostre sang, & autres grands & notables personnages de nostre Royaume, & de nostre certaine science, plaine puissance & authorité Royale, Nous auons par ce present Edict perpetuel & irreuocable, reuoqué & reuoquons nostredit Edict du mois de Mars dernier, portant creation d'vn Siege Presidial en la ville de Milhau: Et creé, érigé & estably, creons, érigeons & establissons en consequence de nos precedens Edicts, dans nostredite ville de Rhodez, Vn Siege Presidial, cóposé des Officiers qui sont de present pourueus en la Iustice ordinaire de la Seneschaussée dudit Comté, Sçauoir du Iuge en ladite Comté, qui d'oresnauant sera appellé, Lieutenant Principal, du Lieutenant Particulier, de deux nos Conseillers, de nostre Aduocat & Procureur, Ausquels nous auons attribué & attribuons ladite Iurisdiction Presidiale, sans qu'ils soient tenus de prester nouueau serment. Outre lesquels Offices, nous auons creé & érigé, creons & érigeons en tiltre d'Office formé, pour parfaire ledit Siege Presidial, Deux Presidens, vn Iuge Maje, vn Iuge Criminel, vn Assesseur Ciuil & Criminel, vn Lieutenant du Seneschal de Robe Courte, treize Conseillers Lays, vn Conseiller Clerc, & vn autre Conseiller garde-Seel, vn autre Aduocat pour nous, vn Substitut de nostredit Procureur, vn Commissaire Examinateur & Enquesteur qui pourra estre vny au Corps des Officiers dudit Presidial, vn Secretaire de la Cour Presidiale &

Chancellerie,

Chancellerie, & vn Receueur Payeur hereditaire des gages desdits Officiers, qui fera aussi la recepte des amendes auec droict de six deniers pour liure d'icelles. Pour par tous lesdits Officiers de judicature, cognoistre, juger & decider de toutes matieres ciuiles & criminelles, tant en premiere instance de celles dont lesdits Officiers cy-deuant establis en ladite Seneschaussée ont cogneu de tout tẽps, & qui leur ont esté attribuées par les Arrests de nostre Conseil du 30. Iuillet 1631. & 15. Mars 1633. que par appel des sentences & appointemens rendus par les Iuges de nos vassaux, arriere-vassaux & Domaine engagé ou aliené de nostredit Comté de Rhodez, comme aussi des Iuges de ladite Ville, Bourg, Cité & Seau de Rhodez, Vicomté de Cressel, Mur de Barres, & quatre Chastellenies de Roüergue vnies audit Comté, leurs ressorts & dependances, ensemble des Iuges de la Haute Marche de Roüergue, dont les appellations ressortissoient cy-deuant au Siege Presidial de Ville-Franche, & des Iuges de la Haute & Basse Viguerie du Vigan, qui ressortissoient au Siege Presidial de Nismes: Et ce à l'instar des autres Seneschaussées & Sieges Presidiaux de ce Royaume, conformément aux Edicts, Declarations & Ordonnances, portans creation & reglement d'iceux. Lesquelles Iurisdictiós & Ressorts, nous auons distraits par nostre present Edict du Ressort & Iurisdiction desdits Sieges Presidiaux de Ville-Franche & Nismes : Et voulons iceux estre de la Iurisdiction dudit Siege Preſidial de Rhodez, inſeparablement & irreuocablement, A la reſerue neantmoins des reſſorts & dependances des villes & lieux de Cadenac, Maleuille, Pariſot, Loupiac, les Seigneuries de Verdun & Boſſac dependans dudit Comté de Rhodez, des villes & lieux de ſaincte Affrique, ſainct Rome de Tarn, Auriac, Braſque, le Pont de Camares, Bruols, Nouenque, Saluanes, ſainct Felix, Montlaur, ſainct Victor, la Romeguiere, Verſols, Calmeils, le Vaillar, Roquefort, Tornemire, le Clapié, Canals, Sorgues, Bornac, Vendaloues, Vabre, Segouzac, Montagut, Gouzou, Giſſac, la Cazotte, Montclarat, la Baſtide, de Fons, Marniagues, la Tour, Montanhol, Raiſſac, ſainct Rome de Sernou, Montpau, ſainct Bauzely de l'Erondel, Bedos, Perralbe,

Laual, Bussac, sainct Miquel de Landesque, sainct Crespasi, sainct Iean d'Aucapié, Montalegre, sainct Estienne de Maucolles, sainct Ceruain, Roquesericye, Laual dudit Roquesericye, Postomy, Valaquie, Plasence, Combret, sainct Seue le Soulié, Brousse, Montel, Farret, Feneirolles, montfranc, martrin, sainct Ioery, sainct Miquel de Questort, Montclar, la Bastide, Teaulat, les Plats, Sattellyes, sainct Ichest, Fareirottes, Ennons, Belmont, murassou, Prohenques, sainct Isery, Rebourguil, Peaux, Coffolences, monnes & Blanc, dependans de ladite Haute marche de Roüergue, que nous n'entendons distraire dudit Presidial de Ville-Franche, Ains lesdites villes & lieux reseruez, y ressortiront comme auparauant pour plus grande commodité &

ſoulagement des parties. Voulans que les autres Iuriſdictions & reſſorts preſentement attribuez audit Preſidial de Rhodez, n'en puiſſent eſtre diſtraites ny ſeparées pour quelque cauſe & occaſion que ce ſoit, ny les habitans d'icelles ſe pouruoir ailleurs pour leurs procez & differents ciuils & criminels, tant meus qu'à mouuoir, à peine de nullité, caſſation de procedures, de mil liures d'amende, & de tous deſpens, dommages & intereſts des parties: Leſquels procez en quelque eſtat qu'ils ſoient ou puiſſent eſtre lorsdudit eſtabliſſement, nous auons éuoqué & éuoquons en noſtre Conſeil, & iceux renuoyez & renuoyons en noſtredit Preſidial de Rhodez, pour y eſtre inſtruits, jugez & terminez ſuiuant nos Edicts & Ordonnances, & ainſi qu'il appartiendra. Faisant inhibitions & defenses à nos Officiers desdits Sieges presidiaux de Ville-Franche & Nismes, & à tous autres d'en prendre à l'aduenir cour, jurisdiction ny cognoissance sur les mesmes peines. Et à fin que lesdits Officiers ayent moyen de s'entretenir dans leurs charges, Nous leur auons donné & attribué, donnons & attribuons par nostre present Edict, la somme de cinq mil vingt liures de gages par chacun an ; Sçauoir, à chacun desdits Presidens mil liures, au Iuge Maje cinq cens liures, au Iuge Criminel, cent liures, au Lieutenant principal vingt liures, outre les quatre vingts liures de gages anciens dont il jouïssoit cy-deuant comme Iuge en ladite Comté Au Lieutenant Particulier, à l'Assesseur Ciuil & Criminel, au

Lieutenant de Robbe Courte de nostredit Seneschal, aux deux Conseillers en ladite Seneschaussée cy-deuant establis, aux treize Conseillers Lays, au Conseiller Clerc, au Conseiller Garde-Seel, & à nostre Aduocat creé par nostre present Edict, cent liures à chacun, outre autres cent liures que ledit Conseiller Garde-Seel prendra par an des émolumens de ladite Chancellerie : A nostre Aduocat cy-deuant estably, la somme de soixante liures, outre quarante liures de gages dont il jouïst : A nostre Procureur aussi cy-deuant estably quarante liures, outre les soixante liures de gages dont il jouïst : Au Substitut de nostre Procureur cinquante liures, & au Receueur payeur des gages desdits Officiers cent cinquante liures, outre le droict de six deniers pour liure sur les deniers de la recepte qu'il fera desdites amendes. Tous lesquels gages de nouueau attribuez ausdits Officiers, reuenans ensemble à ladite somme de cinq mil vingt liures, Nous voulons estre employez par chacun an, auec lesdits anciens gages dudit Iuge, nostre Aduocat & procureur en la Iustice ordinaire de ladite Seneschaussée du Comté de Rhodez, reuenans à neuf vingts liures dans l'estat des charges locales de nostredit ancien Domaine de Nauarre de chacune année, à commencer de la presente, & mis és mains dudit Payeur par les Receueurs, Fermiers, leurs Cõmis ou autres comptables dudit Domaine, pour les payer aux pourueus desdits Offices comme charges ordinaires, de quartier en quartier sous leurs simples

ples quittances en la maniere acoustumée, & en attendant au porteur des quittances de Finance & lettres de prouision, qui en seront expediées les noms & surnoms en blãc. Comme aussi nous auons par nostre present Edict, creé, érigé & estably, creons, érigeons & establissons en tiltre d'Office formé & hereditaire audit Siege Presidial, Vn Greffier Ciuil, vn Greffier Criminel, vn Greffier des presentations, vn Greffier Dappeaux, vn Greffier des Insinuations, vn Greffier des Affirmations, vn Greffier du Conseil, vn Garde du Petit Seel, vingt procureurs postulans, deux desquels nous voulons estre rapporteurs & certificateurs des criées, vn Controlleur des Expeditions des Greffes, deux Clercs d'Audience, deux Huissiers Audienciers,

& quatre autres Huissiers ou Sergens à Verge, auec pouuoir d'exploicter par tout nostre Royaume, pays, Terres & Seigneuries de nostre obeïssance, les Sentences & jugemens dudit presidial, ensemble tous Arrests, jugemens & autres actes de Iustice & Finance, soit pour nos affaires ou autrement. Pour estre des à present pourueus à tous lesdits Offices, & cy-apres quand vacation escherra des casuels, par mort, resignation ou autrement, mesmes aux hereditaires à toute mutation, des personnes suffisantes & capables, qui en iouïront aux mesmes honneurs, authoritez, exercice, fonctions, jurisdiction, prerogatiues, preéminences, franchises, libertez, exemptions, immunitez & gages, susdits droicts, espices, fruicts, profits, reuenus &

émolumens, que les pourueus de ſemblables Offices en nos autres Sieges preſidiaux, & qui leur ont eſté accordez par les Edicts de creation, Declarations, Arreſts & Reglemens en conſequẽce. En payant par les Officiers preſentement creez, les ſommes auſquelles ils ſeront moderement taxez : Comme auſſi prenant par leſdits Lieutenant principal, Lieutenant particulier, deux nos Conſeillers, noſtre Aduocat & procureur en ladite Seneſchauſſée du Comté de Rhodez, nouuelles prouiſions de nous, & payant les ſommes auſquelles de meſme ils ſeront moderement taxez pour ladite augmentation de gages & juriſdiction, ſuiuant les rolles qui en ſeront arreſtez en noſtredit Conſeil. Et pour dauantage gratifier les pourueus deſdits Offices tant anciens que nouuellement creez, Nous voulons qu'ils joüissent de la dispense des quarente jours, pendant le temps qui reste à expirer de nostre Declaration de l'année 163 . sans pour ce payer aucun prest, ny droict annuel : & en cas de decez, que lesdits Offices soient conseruez à leurs vefues & heritiers. Et pour cõtenir nos subjets en l'estenduë du ressort dudit Presidial de Rhodez, en leur deuoir, & reprimer les abus, voleries & mauuaises actions qui s'y pourroient commettre : Nous auons pareillement creé & érigé, creons & érigeons en tiltre d'Office formé audit Presidial, vn Office de Visseneschal, Cheualier du Guet, vn Lieutenant & vn Exempt, vn Greffier hereditaire, & huict Archers aussi hereditaires dudit Visseneſchal & Cheualier du Guet, pour en iouïr par les pourueus, aux mesmes fonctions, iurisdictions, priuileges, exemptions, droicts, profits & émolumens que les autres Visseneschaux, Cheualiers du Guet, leurs Lieutenans, Exempts, Greffiers & Archers: Mesme lesdits Vissenesсhal, Lieutenant, Exempt, ensemble leurs premiers resignataires du droict de suruiuãce de leursdits Offices, sans pour ce payer aucune finance, ny marc d'or, de present ny à l'aduenir: Et aux gages ledit Visseneschal, Cheualier du Guet, de huict cens liures, le Lieutenant de cent dix liures, l'Exempt, le Greffier & chacun desdits huict Archers de cent liures chacun, que nous leur auons attribué & attribuons par ce present Edict: Lesquels gages reuenans à la somme de dix-neuf cens dix liures, seront employez dans les estats des Finances & Commissions que nous enuoyerons par chacun an pour la leuée d'icelles sur tous les contribuables de la Generalité de Mótauban, à commécer l'année presente, pour estre receuë & payée conformemét aux gages des Officiers des autres Mareschaussées de ce Royaume. SI DONNONS EN MANDEMENT à nos amez & feaux Conseillers les Gens de nos Comptes à paris, presidens, Tresoriers de France & Generaux de nos Finances à MONTAUBAN chacun endroit soy, que nostre present Edict ils facent lire, publier & registrer, & le contenu en iceluy, garder & obseruer inuiolablement de point en point selon sa forme & teneur, cessans & faisans cesser tous troubles & empeschemens au contraire, nonobstant oppositions ou appellations quelconques, dont si aucunes interuiennent, nous nous reseruons la cognoissance à nostredit Conseil, icelle interdisons & defendons à toutes nos Cours & autres Iuges: CAR tel est nostre plaisir, Nonobstant aussi tous Edicts, Declarations, Arrests, Reglemens, defenses & autres choses à ce contraires, ausquelles & aux dérogatoires des dérogatoires y contenuës, nous auons expressement dérogé & dérogeons par ces presentes. Et afin que ce soit chose ferme & stable à tousiours, nous y auons fait mettre nostre seel, sauf en autres choses nostre droict & l'autruy en toutes. DONNE' à Chantilly au mois de Iuillet, l'an de grace mil six cens trente-cinq: Et de nostre regne le vingt sixiesme. Signé, LOVIS. Et plus bas, par le Roy, SERVIEN. A costé, visa. Et seellé du grand seau de cire verte sur lacs de soye rouge & verte. Et encor est écrit:

*LEV, publié & registré en la Chambre des Comptes, Ouy le Procureur General du Roy, par Monsieur le Duc d'Orleans, Frere vnique de sa Maiesté, venu expres en ladite Chambre, aßisté du sieur Mareschal d'Estrée & des sieurs Aubery & Colmoulins Conseillers de sadite Maiesté en ses Conseils, le vingtiéme iour de Decembre mil six cens trente-cinq. Signé, GOBELIN.*

Collationné à l'original par moy Conseiller Secretaire du Roy & de ses Finances.

www.ingramcontent.com/pod-product-compliance
Ingram Content Group UK Ltd.
Pitfield, Milton Keynes, MK11 3LW, UK
UKHW032035260826
14628UKWH00006B/2965

9 782329 613451